W0066423

Mein erster Langenscheidt Französisch

Langenscheidt

Berlin · München · Wien · Zürich · New York

Vorwort

Wörter sind für Kinder wie Spielzeug, das sie nach allen Seiten drehen und wenden, auseinander nehmen und wieder zusammensetzen. Dieser Spieltrieb im Kind ist der Motor ständigen Lernens und Verstehens, und wenn man ihn nutzt und sinnvoll fördert, kann man die Entwicklung eines Kindes schon frühzeitig positiv beeinflussen.

Mit dem Wörterbuch „Mein erster Langenscheidt Französisch" erhält Ihr Kind ein Spielzeug besonderer Art. Eine Fülle anschaulicher Farbfotografien aus der Erlebniswelt des Kindes machen jede Doppelseite zu einer wahren Fundgrube für bildliche und sprachliche Entdeckungen. Unter der behutsamen Anleitung eines Erwachsenen lernt schon das kleinere Kind, Gegenstände zu erkennen und zu benennen. Größere Kinder beginnen, Wörter vom Schriftbild her zu erschließen, also zu lesen; später lernen sie, ein Wort in Schrift umzusetzen, also zu schreiben.

In einem weiteren Schritt wird das Französische in diesen spielerischen Lernprozess einbezogen, womit den neuesten Erkenntnissen über den früh beginnenden Fremdsprachenerwerb Rechnung getragen wird. In einer Zeit fallender Grenzen und wachsender Mobilität sind Fremdsprachenkenntnisse von besonderer Bedeutung. Gerade mit dem Französischen als der Sprache unseres größten Nachbarn und eines der beliebtesten Reiseländer kann der Kontakt gar nicht früh genug geknüpft werden. „Mein erster Langenscheidt Französisch" sorgt dafür, dass dieser wichtige Schritt in der Entwicklung Ihres Kindes zu einem vergnüglichen und motivierenden Erlebnis wird.

Das Buch enthält etwa 1000 Wörter aus dem Umfeld des Kindes. Sie sind nach überschaubaren Sachfeldern gegliedert. Bild, französisches Wort und deutsche Übersetzung bilden jeweils eine Einheit.

„Mein erster Langenscheidt Französisch" ist geeignet für Kinder zwischen 2 und 4 Jahren.

A Dorling Kindersley Book

Fotos: Andy Crawford
Projektleitung: Linda Esposito
Redaktion: Jane Yorke
Layout: Lynne Moulding, Rachael Parfitt
Sprachberatung: Angela Redfern

1. 2. 3. 4. 5. · 08 07 06 05 04

Table

Inhalt

Mon corps   4
Mein Körper

Mon visage   6
Mein Gesicht

Les personnes et la famille   7
Menschen und Familie

Les habits et les chaussures   8
Kleider und Schuhe

À la maison   10
Zu Hause

Dans la salle de bains   12
Im Badezimmer

À la cuisine   13
In der Küche

À boire et à manger   14
Essen und Trinken

Juons!   16
Zeit zum Spielen

La surprise-partie   18
Die Party

Les animaux domestiques   19
Haustiere

Dans le jardin   20
Im Garten

Dans l'atelier   22
In der Werkstatt

Sur le chantier   24
Auf der Baustelle

Sortir   25
Ausgehen

Dans les magazins   26
In den Läden

Au supermarché   27
Im Supermarkt

À l'école   28
In der Schule

Au travail   30
Am Arbeitsplatz

Dans le parc   32
Im Park

Les sports   34
Sport

En route   36
Unterwegs

Dans les airs   38
In der Luft

Sur l'eau   39
Auf dem Wasser

À la campagne   40
Auf dem Land

Arbres, plantes et fleurs   42
Bäume, Pflanzen und Blumen

À la ferme   44
Auf dem Bauernhof

À la plage   46
Am Strand

Autour du monde   48
Um die Welt

Les animaux sauvages   50
Tiere in freier Wildbahn

Les oiseaux   52
Vögel

Les animaux marins   53
Wassertiere

Le temps qu'il fait   54
Das Wetter

Les heures et les saisons   55
Zeit und Jahreszeiten

Les contraires   56
Gegensätze

Les formes   58
Formen

Les couleurs   59
Farben

Les nombres   60
Zahlen

Index   62
Wörterverzeichnis

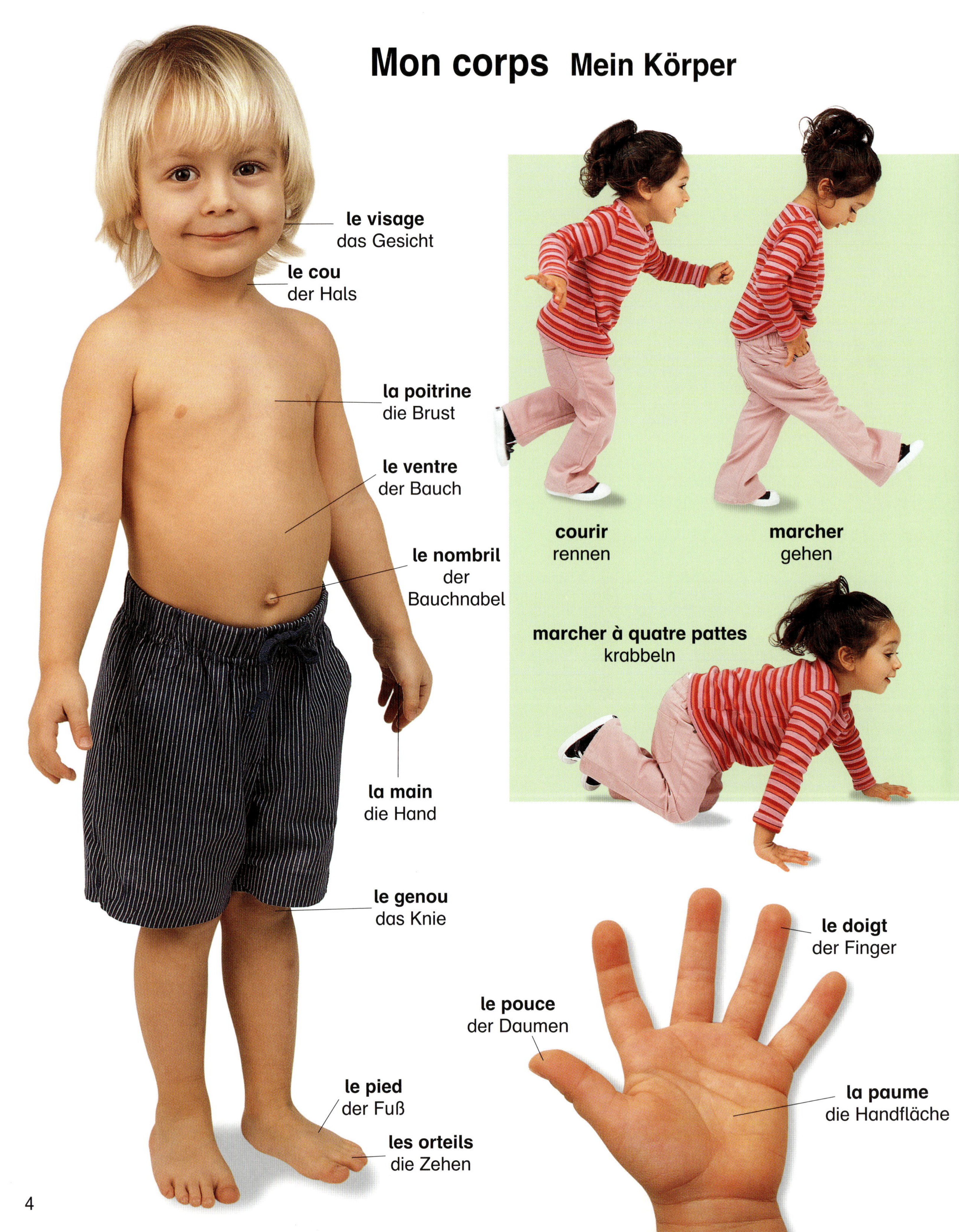

Mon corps Mein Körper
le visage
das Gesicht
le cou
der Hals
la poitrine
die Brust
le ventre
der Bauch
le nombril
der Bauchnabel
la main
die Hand
le genou
das Knie
le pied
der Fuß
les orteils
die Zehen
courir
rennen
marcher
gehen
marcher à quatre pattes
krabbeln
le doigt
der Finger
le pouce
der Daumen
la paume
die Handfläche
4

s'agenouiller
hocken
sauter
springen
faire le pont
sich bücken
s'étirer
sich strecken
la tête
der Kopf
l'épaule
die Schulter
le dos
der Rücken
le coude
der Ellbogen
le bras
der Arm
la hanche
die Hüfte
les fesses
der Po
la jambe
das Bein
la cheville
der Knöchel
le talon
die Ferse
l'ongle
der Nagel
la jointure
der Knöchel
le poignet
das Handgelenk

Mon visage Mein Gesicht

Les personnes et la famille
Menschen und Familie

le grand-père
der Großvater

la grand-mère
die Großmutter

les jumeaux
die Zwillinge

le père et la fille
der Vater und
die Tochter

la fille
das Mädchen

le garçon
der Junge

la mère et le fils
die Mutter und der Sohn

la sœur et le frère
die Schwester und der Bruder

les amis
die Freunde

le bébé
das Baby

le parent
der Elternteil

chuchoter
flüstern

embrasser
küssen

prendre dans ses bras
umarmen

Les habits et les chaussures Kleider und Schuhe

la veste
die Jacke

la fermeture éclair
der Reißverschluss

la poche
die Tasche

l'imperméable
der Regenmantel

le polaire
der Fleecepulli

le tee-shirt
das T-Shirt

le pyjama
der Schlafanzug

le maillot de corps
das Unterhemd

le short
die Shorts

le collant
die Strumpfhose

le slip
die Unterhose

la ceinture
der Gürtel

les chaussettes
die Socken

la robe de chambre
der Bademantel

la boucle
die Schnalle

les lacets
die Schnürsenkel

les pantoufles
die Pantoffeln

les tennis
die Turnschuhe

les sandales
die Sandalen

les chaussures
die Schuhe

les bottes
die Gummistiefel

À la maison Zu Hause

la cheminée
der Schornstein

le toit
das Dach

la fenêtre
das Fenster

le balcon
der Balkon

les volets
die Fensterläden

la maison
das Haus

la porte d' entrée
die Haustür

les appartements
die Wohnungen

la rampe d'escalier
das Treppengeländer

le fauteuil
der Sessel

la cheminée
der Kamin

le garage
die Garage

la voiture
das Auto

l'entrée
der Flur

l'escalier
die Treppe

la salle de séjour
das Wohnzimmer

le tiroir
die Schublade

l'armoire
der Schrank

l'étagère
das Regal

le réveil
der Wecker

le coussin
das Kissen

l'oreiller
das Kopfkissen

le rideau
der Vorhang

la couette
die Bettdecke

le lit
das Bett

la chambre
das Schlafzimmer

le tapis
der Läufer

le haut-parleur
der Lautsprecher

la chaîne hi-fi
die Stereoanlage

la lampe
die Lampe

le téléviseur
der Fernseher

le téléphone
das Telefon

le canapé
das Sofa

la télécommande
die Fernbedienung

le vase
die Vase

Dans la salle de bain **Im Badezimmer**

la baignoire
die Badewanne

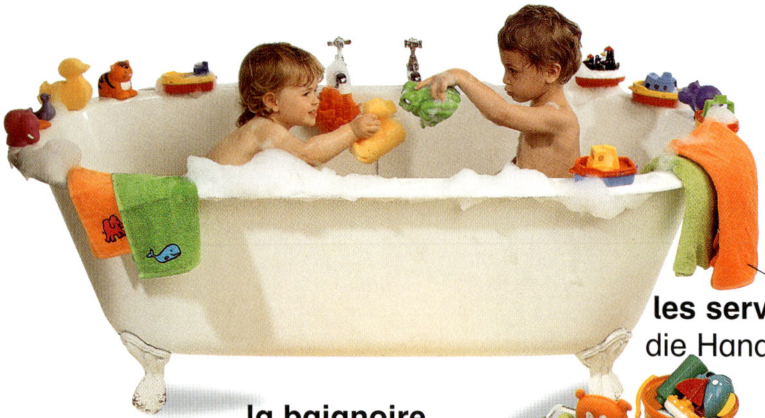

les serviettes
die Handtücher

les jouets pour le bain
das Wasserspielzeug

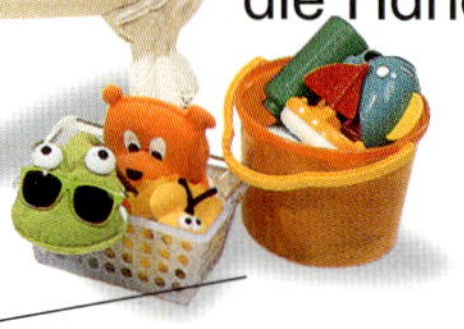

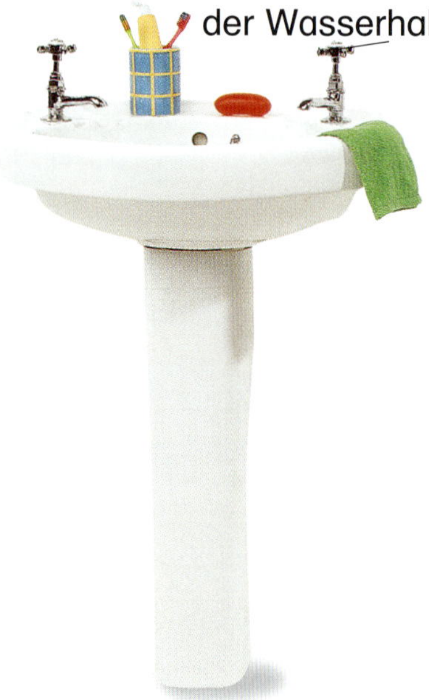

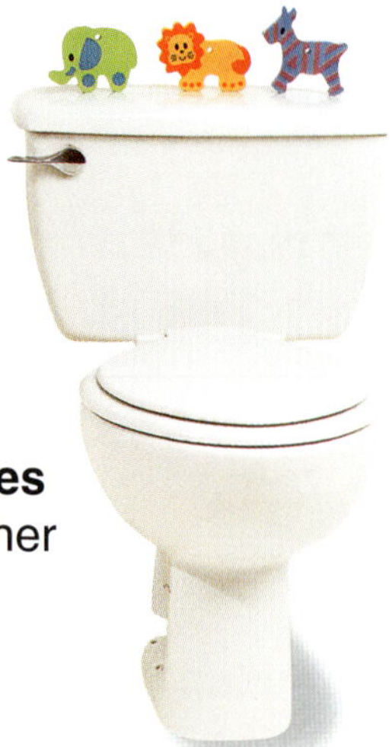

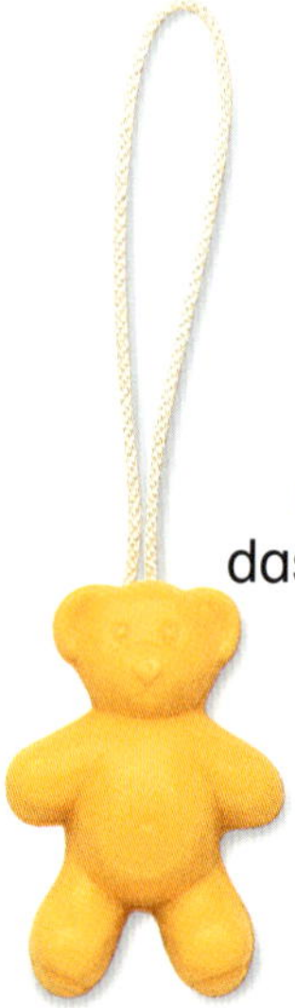

les toilettes
die Toilette

le robinet
der Wasserhahn

le lavabo
das Waschbecken

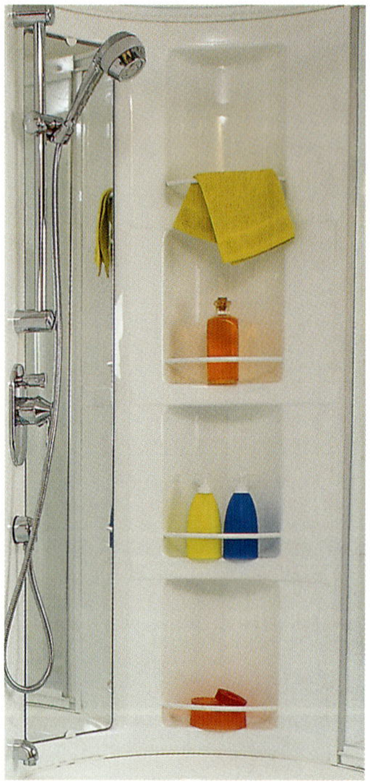

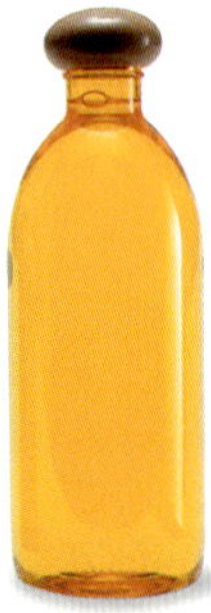

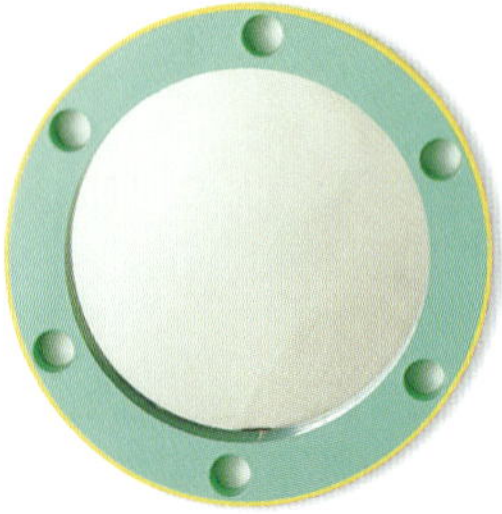

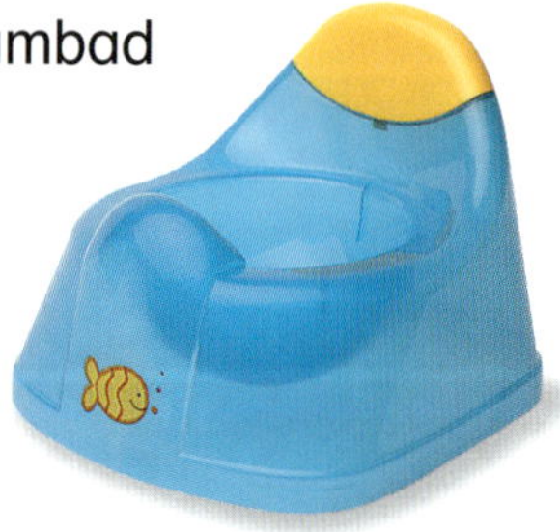

la douche
die Dusche

le savon
die Seife

le bain moussant
das Schaumbad

le shampooing
das Shampoo

le miroir
der Spiegel

le pot
das Töpfchen

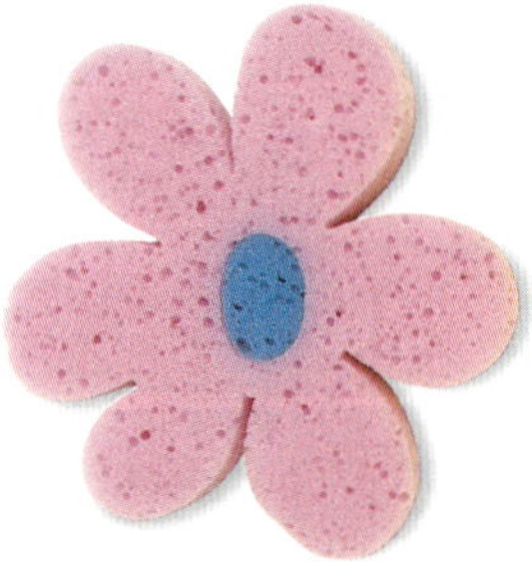

l'éponge
der Schwamm

le dentifrice
die Zahnpasta

se laver
sich waschen

le gant de toilette
der Waschlappen

la brosse à dents
die Zahnbürste

nettoyer
putzen

se moucher
sich die Nase putzen

le mouchoir en papier
das Papiertuch

la brosse à cheveux
die Haarbürste

brosser
bürsten

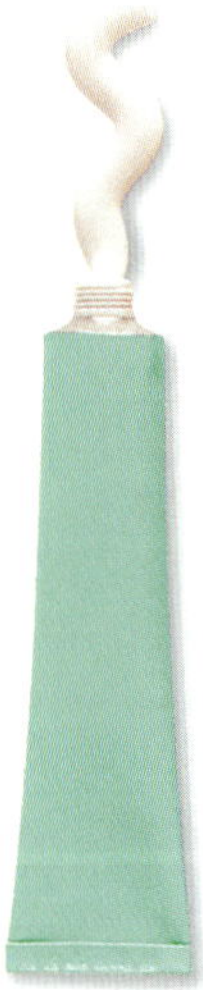

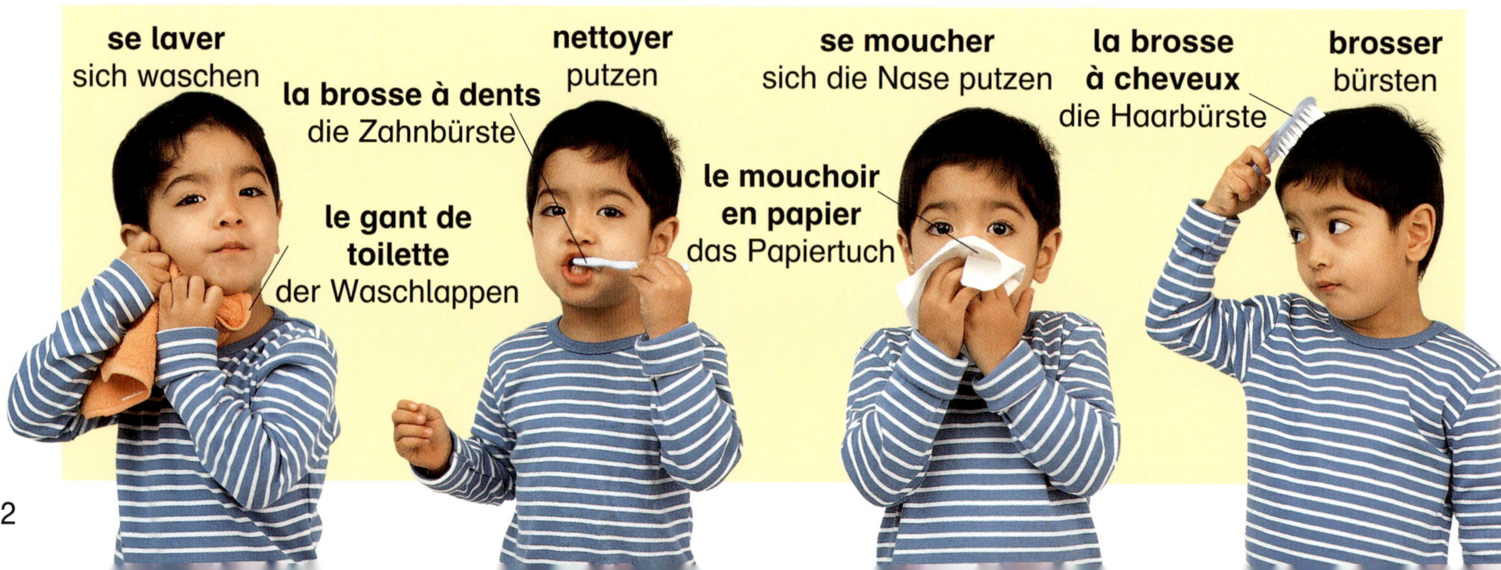

À la cuisine In der Küche

le rouleau à patisserie
das Nudelholz

la cuillère en bois
der Holzlöffel

la balance
die Waage

les moules à biscuits
die Ausstechförmchen

le bol en plastique
die Rührschüssel

la balayette
der Handfeger

la pelle
die Kehrschaufel

l'égouttoir
der Durchschlag

le mixeur
der Mixer

la bouilloire
der Teekessel

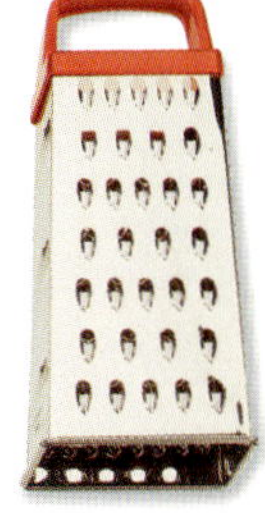

la râpe
die Reibe

le gant de cuisine
der Topfhandschuh

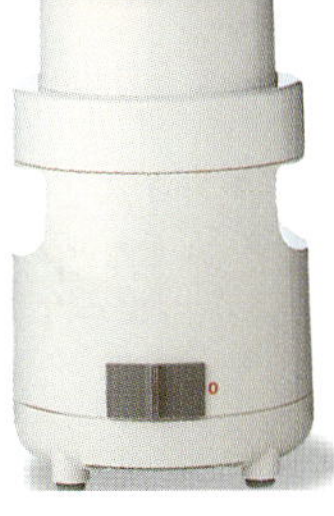

le tablier
die Schürze

les moules
die Backbleche

l'évier
die Spüle

la poêle
die Bratpfanne

la casserole
der Kochtopf

le placard
der Küchenschrank

la cuisinière
der Herd

le frigidaire
die Kühl- und Gefrierkombination

À boire et à manger   Essen und Trinken

l'assiette
der Teller

la fourchette
die Gabel

la pizza
die Pizza

le couteau
das Messer

le ragout de bœuf
der Rindereintopf

les légumes
das Gemüse

le steak de saumon
das Lachssteak

les petits pains
die Brötchen

le sandwich
das belegte Brot

la salade
der Salat

le fromage
der Käse

la pomme de terre au four
die Ofenkartoffel

le riz
der Reis

le poulet au curry
das Curryhuhn

le pain hamburger
das Weizenbrötchen

le hamburger
der Hamburger

les frites
die Pommes frites

les tacos
die Tacos

les baguettes
die Essstäbchen

les nouilles
die Nudeln

la sauce
die Soße

les spaghettis
die Spaghetti

le bol
die Schüssel

les tartes aux fruits
die Obsttörtchen

les céréales
die Frühstücksflocken

la paille
der Strohhalm

le muffin
der Muffin

les petits gâteaux
die Kekse

la soucoupe
die Untertasse

la glace
das Eis

la tasse
der Becher

le milkshake
der Milchshake

la salade de fruits
der Obstsalat

la cuillère
der Löffel

la tasse de thé
die Teetasse

le chocolat chaud
die heiße Schokolade

boire
trinken

déjeuner
zu Mittag essen

le verre
das Glas

Jouons! Zeit zum Spielen

les billes
die Murmeln

la patte à modeler
die Knetmasse

les crayons de cire
die Wachsmalstifte

les jeux video
die Computerspiele

la console
die Konsole

les pions
die Steine

le jeu de société
das Brettspiel

le puzzle
das Puzzle

le livre de contes
das Märchenbuch

les cartes à jouer
die Spielkarten

**les
baguettes**
die Trommel-
stöcke

le tambour
die Trommel

les cordes
die Saiten

la guitare
die Gitarre

le keyboard
das Keyboard

les écouteurs
die Kopfhörer

le baladeur CD
der tragbare CD-Player

la petite maison
das Spielhaus

jouer
spielen

rouler
fahren

le tricycle
das Dreirad

la poupée
die Puppe

le service à thé
das Teeservice

la maison de poupée
das Puppenhaus

le wagon
der Wagen

le nounours
der Teddybär

la locomotive
die Lokomotive

le train
die Eisenbahn

le robot
der Roboter

les marionnettes à doigts
die Fingerpuppen

les petites voitures
die Rennwagen

le landau de poupée
der Puppenwagen

pousser
schieben

construire
bauen

les cubes
die Bauklötze

17

La surprise-partie Die Party

les ballons
die Luftballons

le chapeau en papier
der Partyhut

les bougies
die Kerzen

le gâteau d'anniversaire
der Geburtstagskuchen

la surprise-partie
die Party

le serpentin
die Luftschlange

la carte d'anniversaire
die Geburtstagskarte

le sachet de cotillons
die Partytüte

le cadeau
das Geschenk

faire des cadeaux
Geschenke machen

danser
tanzen

se déguiser
sich verkleiden

le magicien
der Zauberer

le pirate
der Pirat

la reine
die Königin

la fée
die Fee

la sorcière
die Hexe

le cow-boy
der Cowboy

Les animaux domestiques Haustiere

Dans le jardin Im Garten

la plate-bande de fleurs
das Blumenbeet

la pelouse
der Rasen

la cabane perchée
das Baumhaus

le râteau
der Rechen

le papillon
der Schmetterling

la coccinelle
der Marienkäfer

l'abeille
die Biene

le ver de terre
der Regenwurm

l'escargot
die Schnecke

la chenille
die Raupe

le hangar
der Schuppen

le moineau
der Spatz

les graines
die Samen

les bulbes
die Blumenzwiebeln

les fleurs
die Blumen

la brouette
die Schubkarre

la tondeuse
der Rasenmäher

l'arrosoir
die Gießkanne

le sécateur
die Gartenschere

la piscine gonflable
das Planschbecken

le plantoir
die Pflanzkelle

le pot de fleurs
der Blumentopf

la bêche
der Spaten

le bac à sable
der Sandkasten

le tuyau d'arrosage
der Schlauch

la serfouette
die Pflanzgabel

la jardinière
der Blumenkasten

la serre
das Gewächshaus

21

Dans l'atelier In der Werkstatt

les clous
die Nägel

le marteau
der Hammer

le maillet
der Holz-
hammer

la clé à écrous
der Schrauben-
schlüssel

la pince
die Zange

la hache
die Axt

le ciseau à bois
der Meißel

la lime
die Feile

les rondelles
die Unterlegscheiben

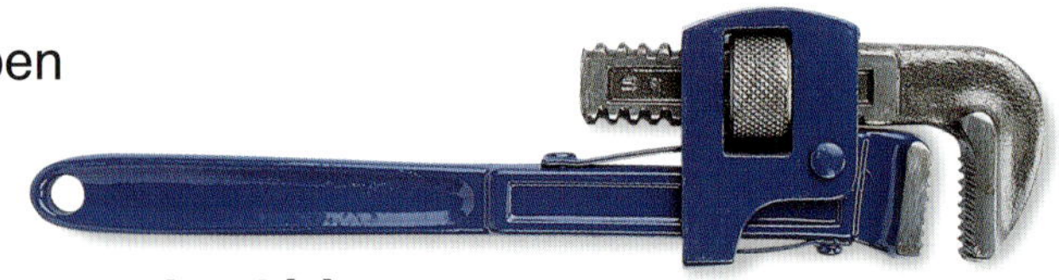

le niveau
die Wasserwaage

les boulons
die Bolzen

l'écrou
die Mutter

la clé à molette
der Schraubenschlüssel

la poignée
der Griff

la scie
die Säge

la boîte à outils
der Werkzeugkasten

le rabot
der Hobel

la clé mâle
der Inbusschlüssel

le papier de verre
das Sandpapier

le couvercle
der Deckel

le pot de peinture
der Farbtopf

tapisser
tapezieren

la burette
das Ölkännchen

la corde
das Seil

le pinceau
der Pinsel

l'établi
die Werkbank

scier
sägen

la lampe de poche
die Taschenlampe

le mètre-ruban
das Bandmaß

le foret
der Bohrer

le bouton
der Schalter

les vis
die Schrauben

la perceuse
die Bohrmaschine

le tournevis
der Schraubenzieher

l'échelle
die Trittleiter

l'artisant
der Handwerker

23

Sur le chantier Auf der Baustelle

le rouleau compresseur
die Straßenwalze

l'excavatrice
der Bagger

la roue à godets
die Raupenkette

le crochet
der Haken

les grues
die Kräne

la bétonneuse
die Betonmischmaschine

le casque
der Schutz-
helm

le camion benne
der Kipper

les maçons
die Maurer

le camion à benne basculante
der Kipplaster

la pelle
die Schaufel

le gerbeur
der Gabelstapler

le charpentier
der Zimmermann

le bulldozer
die Planierraupe

le godet
der Baggereimer

la cabine du conducteur
das Führerhaus

la pelleteuse
der Bagger

l'échafaudage
das Baugerüst

les briques
die Ziegelsteine

Sortir Ausgehen

le théâtre
das Theater

l'audience de cinéma
die Kinozuschauer

le tremplin
das Sprungbrett

la piscine
das Schwimmbad

la foire
der Rummelplatz

le grand huit
die Achterbahn

le parc d'attraction
der Freizeitpark

la bibliothèque
die Bücherei

la galerie d'art
die Kunstgalerie

le dinosaure
der Dinosaurier

le musée
das Museum

le théâtre de marionnettes
das Puppentheater

le café
das Café

l'artiste de rue
der Straßenkünstler

Dans les magazins In den Läden

la quicaillerie
die Eisenwarenhandlung

le fleuriste
der Blumenhändler

le fruit
das Obst

le marchand des quatre saisons
der Obst- und Gemüsehändler

la boulangerie
die Bäckerei

le poissonier
der Fischhändler

le rayon fromage
die Käsetheke

le boucher **la viande**
der Schlachter das Fleisch

la vendeuse **payer**
die Verkäuferin zahlen

le stand de journaux
der Zeitungsstand

les sacs de courses
die Einkaufstüten

le médicament
das Medikament

porter
tragen

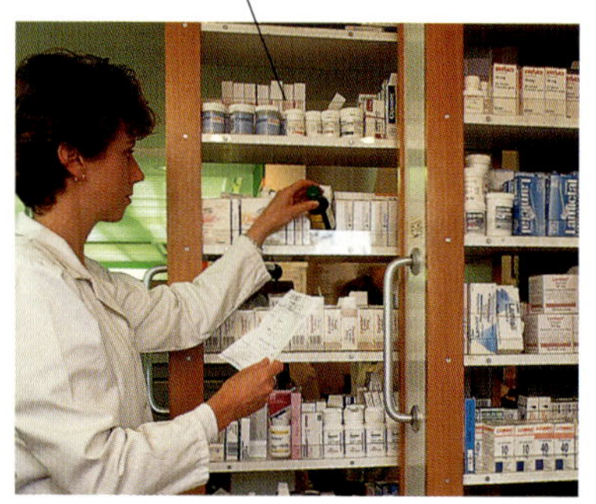

la pharmacienne
die Apothekerin

le centre commercial
das Einkaufszentrum

Au supermarché Im Supermarkt

les bananes
die Bananen

la mangue
die Mango

la pomme
der Apfel

le citron
die Zitrone

l'orange
die Orange

les raisins
die Weintrauben

l'ananas
die Ananas

les pommes de terre
die Kartoffeln

le brocoli
der Brokkoli

les petits pois
die Erbsen

le poivron
die Paprika

la carotte
die Karotte

le chariot
der Einkaufswagen

le pot de confiture
das Marmeladenglas

la confiture
die Marmelade

la boîte de conserve
die Dose

les tomates
die Tomaten

la bouteille
die Flasche

le jus de fruit
der Fruchtsaft

l'huile
das Öl

la brique
die Milchtüte

le lait
die Milch

le jaourt
der Joghurt

les œufs
die Eier

le beurre
die Butter

la caisse
die Kasse

la boîte en carton
die Schachtel

les céréales
die Getreideflocken

le paquet
die Packung

les pâtes
die Nudeln

le sachet
der Beutel

la farine
das Mehl

l'étiquette
das Etikett

le liquide vaisselle
das Spülmittel

À l'école In der Schule

la cour de récréation
der Schulhof

la salle de classe
das Klassenzimmer

la maîtresse
die Lehrerin

l'ordinateur
der Computer

la salle de musique
das Musikzimmer

le piano
das Klavier

le dessin
das Bild

le chevalet
die Staffelei

peindre
malen

la peinture
die Farben

les pinceaux
die Pinsel

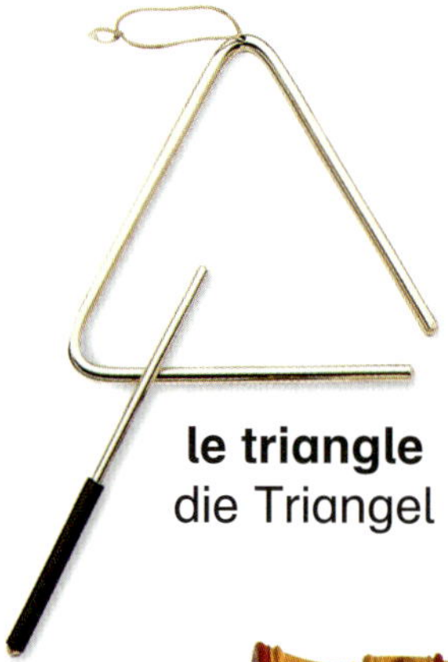

le triangle
die Triangel

les cymbales
die Becken

le globe
der Globus

la flûte à bec
die Blockflöte

le papier
das Papier

le taille-crayon
der Bleistiftspitzer

les gommes
die Radiergummis

les crayons de couleur
die Buntstifte

le crayon à papier
der Bleistift

les ciseaux
die Schere

la craie
die Kreide

la règle
das Lineal

la calculatrice
der Taschenrechner

les livres d' étude
die Lehrbücher

la colle
der Klebstoff

l'affiche
das Poster

écrire
schreiben

lire
lesen

la chaise
der Stuhl

la table
der Tisch

Au travail Am Arbeitsplatz

la serveuse
die Kellnerin

les chefs cuisiniers
die Köche

l'acteur
der Schauspieler

l'opérateur
der Kameramann

l'ouvrière d'usine
die Fabrikarbeiterin

l'architecte
der Architekt

les plans
die Baupläne

la patiente
die Patientin

l'infirmier
der Krankenpfleger

le docteur
die Ärztin

**le chef
d'orchestre**
der Dirigent

les musiciens
die Musiker

le pompier
der Feuerwehrmann

le camion de pompiers
das Feuerwehrauto

la voiture de police
das Polizeiauto

l'uniforme
die Uniform

l'agent de police
der Polizist

le facteur
der Postangestellte

le paquet
das Paket

la graphiste
die Designerin

la planche à dessin
das Reißbrett

l'employée de bureau
die Büroangestellte

la coiffeuse
die Friseuse

la scientifique
die Wissenschaftlerin

les acrobates
die Akrobaten

la blouse de travail
der Overall

le méchanicien
der Automechaniker

la blouse de laboratoire
der Laborkittel

31

Dans le parc Im Park

la balançoire
die Schaukel

la cage à écureuils
das Klettergerüst

le toboggan
die Rutsche

le carrousel
das Karussell

le casque
der Helm

la trottinette
der Tretroller

le protège-coude
der Ellbogenschutz

le protège-genou
der Knieschutz

la planche à roulettes
das Skateboard

faire de la planche à roulettes
Skateboard fahren

faire de la trottinette
Tretroller fahren

la balle de foot
der Fußball

donner un coup de pied
treten

la corde à sauter
das Springseil

les rollers
die Inlineskates

sauter à la corde
seilspringen

faire du roller
inlineskaten

le pigeon
die Taube

la cane
die Ente

les canetons
die Entenküken

l'étang
der Teich

la voiture d'enfant
der Buggy

la balle
der Ball

le voilier
das Segelboot

le cerf-volant
der Drachen

le vendeur de glaces
der Eisverkäufer

les raquettes
die Schläger

le frisbee
das Frisbee

le pique-nique
das Picknick

la bouteille
thermos
die
Thermos-
flasche

la boîte à
goûter
die Lunchbox

le banc
die Bank

la nappe
die Decke

Les sports Sport

le stade
das Stadion

le football américain
der Football

la foule des spectateurs
die Zuschauermenge

les skis
die Ski

skier
Ski fahren

le baton
der Stock

faire du snowboard
Snowboard fahren

le snowboard
das Snowboard

le judo
das Judo

le basket-ball
der Basketball

courir
laufen

la crosse de hockey
der Hockeyschläger

le hockey sur glace
das Eishockey

**faire du
patin à glace**
Schlittschuh laufen

le patin à glace
der Schlittschuh

le casque
der Sturzhelm

le vélo de course
das Rennrad

faire du vélo
Rad fahren

le vélo tous terrains
das Mountainbike

le cricket
das Kricket

faire de la voile
segeln

le ballon de rugby
der Rugbyball

le football
der Fußball

le rugby
das Rugby

faire de la plongée
sous-marine
schnorcheln

les palmes
die Schwimmflossen

le club de golf
der Golfschläger

la batte de base-ball
der Baseballschläger

la raquette de tennis
der Tennisschläger

plonger
springen

le golf
das Golf

le tennis
das Tennis

le base-ball
der Baseball

En route Unterwegs

les feux de signalisation
die Ampel

l'embouteillage
der Verkehrsstau

la pompe à essence
die Zapfsäule

la station-service
die Tankstelle

la station de lavage
die Waschanlage

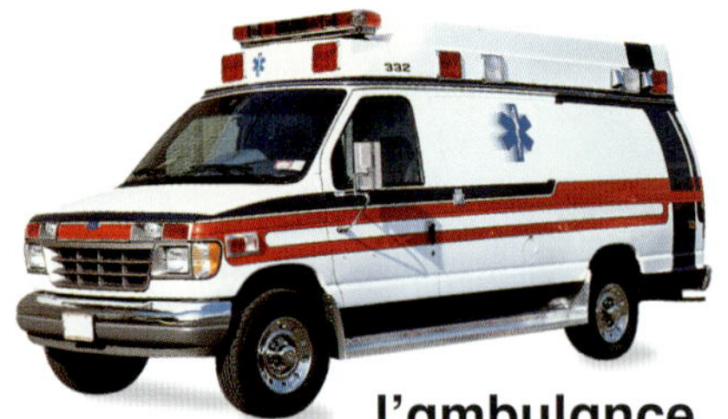

l'ambulance
der Krankenwagen

la camionnette
der Lieferwagen

la jeep
der Geländewagen

la mobylette
der Motorroller

le pot d'échappement
der Auspuff

la motocyclette
das Motorrad

le cycliste
der Radfahrer

la bicyclette
das Fahrrad

le rétroviseur
der Rückspiegel

le pare-brise
die Windschutzscheibe

le feu de stop
das Bremslicht

le cappot
die Kühlerhaube

le phare
der Scheinwerfer

la roue
das Rad

la voiture de sport
der Sportwagen

le pneu
der Reifen

la décapotable
das Kabriolett

le break
der Kombi

le coupé
das Coupé

la berline
die Limousine

le camion-citerne
der Tankwagen

le minibus
der Minibus

l'autocar
der Reisebus

les taxis
die Taxis

le camion
der Lastwagen

le pare-chocs
die Stoßstange

la portière
die Tür

la limousine
die Luxuslimousine

Dans les airs In der Luft

l'aile
der Flügel

le monomoteur
das einmotorige Flugzeug

l'avion ultraléger
das Ultraleichtflugzeug

l'hélice
der Propeller

le biplan
der Doppeldecker

la montgolfière
der Heißluftballon

le panier
der Korb

la pelle
das Blatt

l'hélicoptère
der Hubschrauber

le planeur
das Segelflugzeug

l'avion de ligne
das Passagierflugzeug

le dirigeable
der Zeppelin

l'aéroport
der Flughafen

le Concorde
die Concorde

le jumbo-jet
der Jumbojet

les parapentes
die Gleitschirmflieger

le deltaplane
der Drachenflieger

Sur l'eau Auf dem Wasser

le gilet de sauvetage
die Schwimmweste

la pagaie
das Paddel

le canoë
das Kanu

la rame
das Ruder

le canot
das Ruderboot

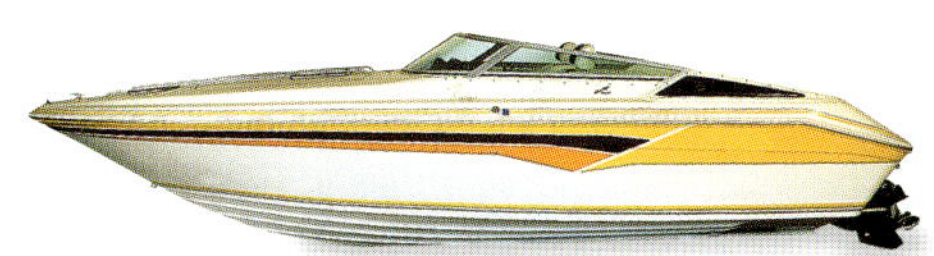

la vedette
das Schnellboot

l'aéro-glisseur
das Luftkissenfahrzeug

le bateau de sauvetage
das Rettungsboot

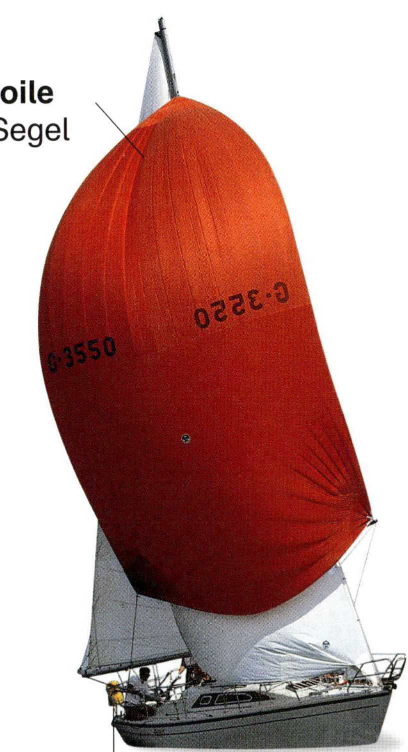

la voile
das Segel

le yachtman
der Segler

le voilier
das Segelboot

le transatlantique
der Ozeandampfer

le transbordeur
die Autofähre

le remorqueur
der Schlepper

le cargo
das Frachtschiff

le pêcheur
der Fischer

les bateaux de pêche
die Fischerboote

le port
der Hafen

le phare
der Leuchtturm

À la campagne Auf dem Land

les fourmis
die Ameisen

le papillon de nuit
der Nachtfalter

l'araignée
die Spinne

le scarabée
der Hirschkäfer

les collines
die Hügel

le renard
der Fuchs

la loutre
der Otter

la forêt
der Wald

les campanules
die Glockenblumen

la grenouille
der Frosch

le crapaud
die Kröte

le lièvre
der Hase

le village
das Dorf

la souris
die Maus

les fleurs sauvages
die Wiesenblumen

le pont
die Brücke

la rivière
der Fluss

l'herbe
das Gras

la mousse
das Moos

les fougères
die Farne

les champignons vénéneux
die giftigen Pilze

les mûres
die Brombeeren

l'œuf
das Ei

le hibou
die Eule

les boutons d'or
die Butterblumen

le nid
das Nest

le geai
der Eichelhäher

le pivert
der Specht

l'écureuil
das Eichhörnchen

la libellule
die Libelle

Arbres, plantes et fleurs Bäume, Pflanzen und Blumen

les perce-neiges
die Schneeglöckchen

le chêne
die Eiche

les pétales
die Blütenblätter

la pensée
das Stiefmütterchen

les marguerites
die Gänseblümchen

les coquelicots
die Mohnblumen

les pins
die Kiefern

les glands
die Eicheln

les fruits de l'érable
die Ahorn-
samen

le marron d'Inde
die Rosskastanie

le tournesol
die Sonnenblume

les pommes de pin
die Kiefernzapfen

le lierre
der Efeu

l'aigrette
die Pusteblume

le pissenlit
der Löwenzahn

la rose
die Rose

les baies
die Beeren

le houx
die Stechpalme

la bruyère
die Heide

le nénuphar
die Seerose

le bourgeon
die Knospe

les rameaux
die Stengel

la fleur
die Blüte

la branche
der Zweig

les feuilles
die Blätter

les racines
die Wurzeln

le tronc d'arbre
der Baumstamm

l'écorce
die Baumrinde

la digitale
der Fingerhut

les jonquilles
die Osterglocken

les tulipes
die Tulpen

le cactus
der Kaktus

la tige
der Stiel

À la ferme Auf dem Bauernhof

le fermier
der Bauer

le troupeau de vaches
die Kuhherde

le veau
das Kalb

la chèvre
die Ziege

l'écurie
der Pferdestall

le cheval
das Pferd

le taureau
der Stier

le coq
der Hahn

les porcelets
die Ferkel

la poule
die Henne

le chien de berger
der Hütehund

les poussins
die Küken

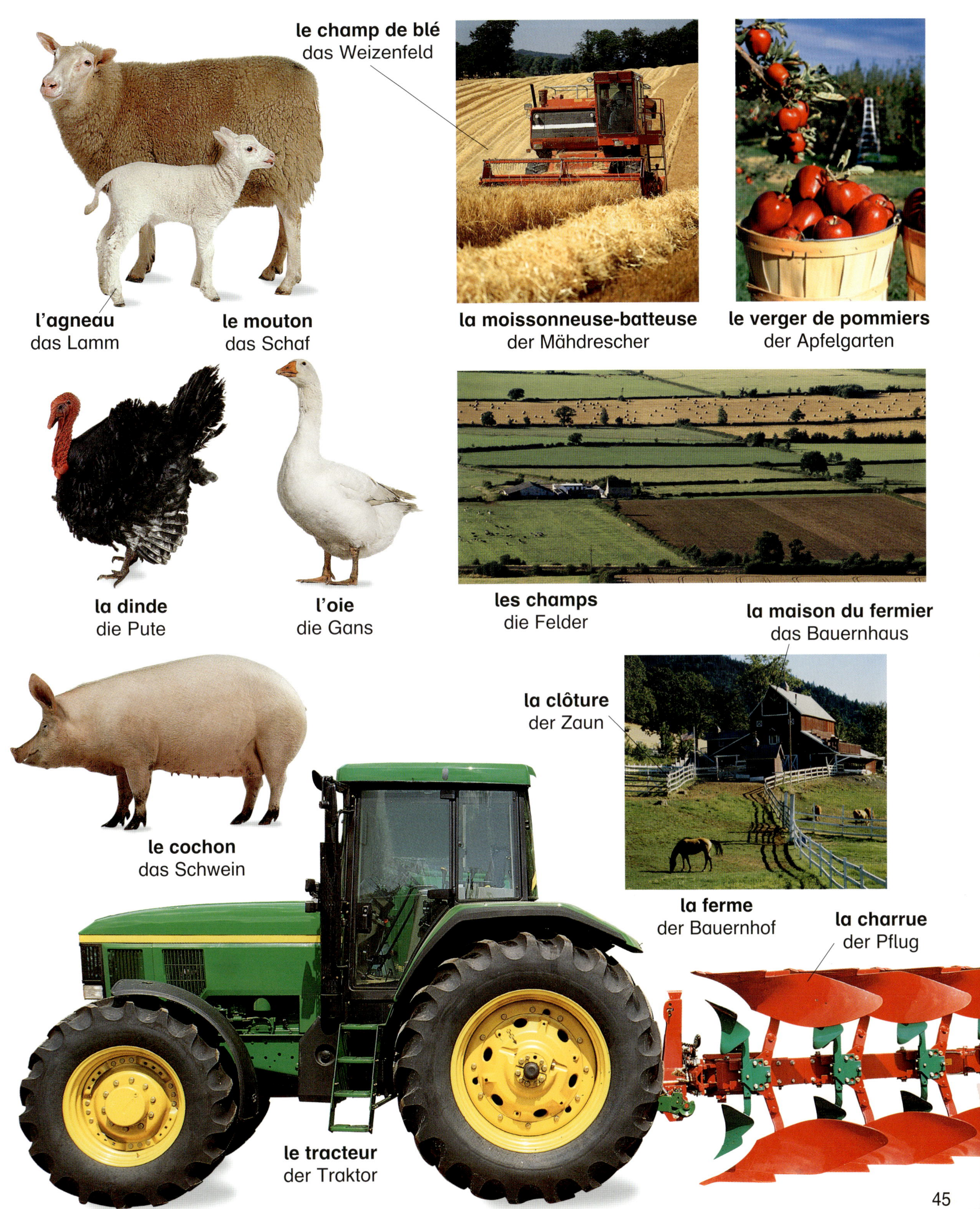

le champ de blé
das Weizenfeld

l'agneau
das Lamm

le mouton
das Schaf

la moissonneuse-batteuse
der Mähdrescher

le verger de pommiers
der Apfelgarten

la dinde
die Pute

l'oie
die Gans

les champs
die Felder

la maison du fermier
das Bauernhaus

la clôture
der Zaun

le cochon
das Schwein

la ferme
der Bauernhof

la charrue
der Pflug

le tracteur
der Traktor

À la plage Am Strand

le sable **la plage**
der Sand der Strand

le coquillage
die Muschel

les algues
die Algen

les galets
die Kieselsteine

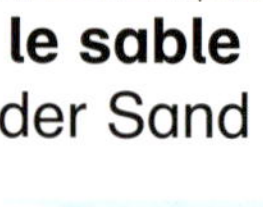

l'étoile de mer
der Seestern

le crabe
der Krebs

les rochers **les falaises**
die Felsen die Klippen

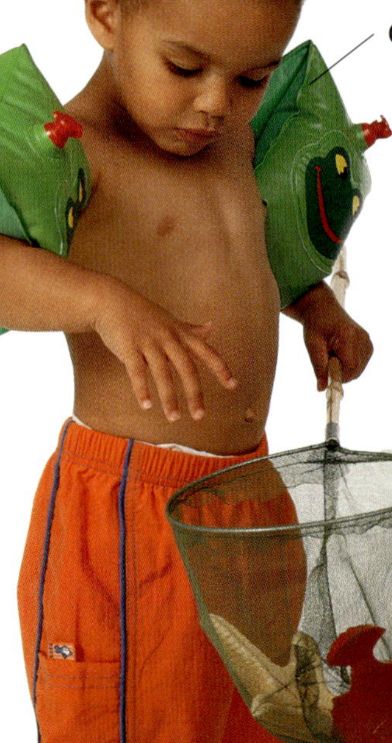

les bracelets
die Schwimmflügel

les poissons
die Fische

la mouette
die Möwe

le filet de pêche
das Fischernetz

la flaque
der Felsenteich

ramasser de coquillages
Muscheln sammeln

le moulin à vent
das Windrad

le parasol
der Sonnenschirm

la bouée
der Schwimmreifen

le maillot de bain
der Badeanzug

nager
schwimmen

les lunettes de piscine
die Schwimmbrille

la crème solaire
die Sonnencreme

le ballon de plage
der Wasserball

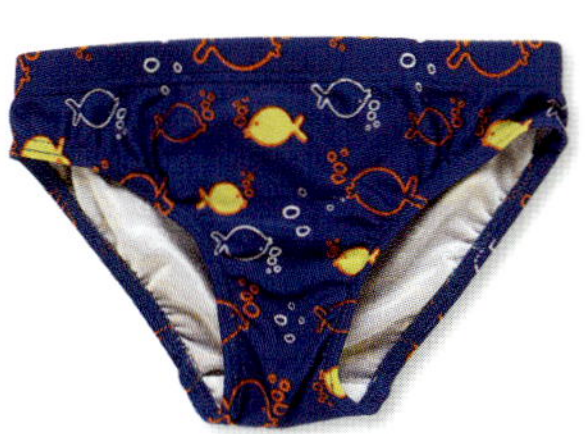

le slip de bain
die Badehose

le surf
das Surfbrett

surfer
surfen

la vague
die Welle

les lunettes de soleil
die Sonnenbrille

la casquette
das Käppi

le chapeau
der Sonnenhut

la chaise longue
der Liegestuhl

le seau
der Eimer

le sac de plage
die Strandtasche

la pelle
die Schaufel

le drapeau
das Fähnchen

le cornet de glace
die Eistüte

le château de sable
die Sandburg

s'asseoir
sitzen

47

Autour du monde Um die Welt

l'océan
der Ozean

la lande
das Moor

le marécage
der Sumpf

la vallée
das Tal

le lac
der See

la montagne
der Berg

l'herbage
das Grasland

la cascade
der Wasserfall

le ravin
die Schlucht

la mer
das Meer

l'île
die Insel

la lave
die Lava

le volcan
der Vulkan

le geyser
der Geysir

la forêt tropicale
der Regenwald

l'iceberg
der Eisberg

le désert rocheux
die Felsenwüste

le désert
die Wüste

la prairie
die Prärie

la forêt
der Wald

la toundra
die Tundra

Les animaux sauvages Tiere in freier Wildbahn

le panda
der Pandabär

l'ours polaire
der Eisbär

le koala
der Koalabär

le galago
das Buschbaby

la fourrure
der Pelz

l'ours
der Bär

la ramure
das Geweih

la queue
der Schwanz

le kangourou
das Känguru

l'orang-outan
der Orang-Utan

le cerf
der Hirsch

le lézard
die Eidechse

le serpent
die Schlange

le singe
der Affe

les écailles
die Schuppen

l'hippopotame
das Nilpferd

le crocodile
das Krokodil

Les oiseaux Vögel

le bec
der Schnabel

le toucan
der Tukan

la crête
die Haube

le cacatoès
der Kakadu

le kookaburra
der Rieseneisvogel

la colombe
die Taube

le colibri
der Kolibri

l'autruche
der Strauß

les plumes
die Federn

le paon
der Pfau

le pingouin
der Pinguin

le flamant
der Flamingo

le cygne
der Schwan

l'aile
der Flügel

le vautour
der Geier

l'aigle
der Adler

les griffes
die Krallen

la volée de pélicans
die Schar Pelikane

le macareux
der Papageientaucher

Les animaux marins Wassertiere

Le temps qu'il fait Das Wetter

le soleil
die Sonne

le nuage
die Wolke

le ciel
der Himmel

le parapluie
der Regenschirm

la pluie
der Regen

le vent
der Wind

l'arc-en-ciel
der Regenbogen

le blizzard
der Blizzard

le brouillard
der Nebel

la brume
der Dunst

la neige
der Schnee

le bonhomme de neige
der Schneemann

la tornade
der Tornado

la tempête
der Sturm

l'éclair
der Blitz

Les heures et les saisons Zeit und Jahreszeiten

le printemps
der Frühling

l'été
der Sommer

l'automne
der Herbst

l'hiver
der Winter

Les jours de la semaine
Die Wochentage

dimanche
Sonntag

lundi
Montag

mardi
Dienstag

mercredi
Mittwoch

jeudi
Donnerstag

vendredi
Freitag

samedi
Samstag

Les mois de l'année
Die Monate

janvier
Januar

février
Februar

mars
März

avril
April

mai
Mai

juin
Juni

juillet
Juli

août
August

septembre
September

octobre
Oktober

novembre
November

décembre
Dezember

le matin
der Morgen

l'après-midi
der Nachmittag

le soir
der Abend

la nuit
die Nacht

Les Contraires Gegensätze

fermé
zu

ouvert
offen

gai
glücklich

triste
traurig

vieux
alt

neuf
neu

grand
groß

petit
klein

gros
dick

mince
dünn

à gauche
links

à droite
rechts

léger
leicht

lent
langsam

rapide
schnell

lourd
schwer

dur
hart

doux
weich

mouillé
nass

sec
trocken

plein
voll

vide
leer

lisse
glatt

rugueux
rau

devant
vorn

derrière
hinten

court
kurz

long
lang

propre
sauber

sale
schmutzig

chaud
heiß

froid
kalt

Les formes Formen

Les couleurs Farben

rouge
rot

jaune
gelb

bleu
blau

vert
grün

violet
lila

orange
orange

rose
rosa

marron
braun

gris
grau

blanc
weiß

noir
schwarz

multicolore
bunt

Les nombres Zahlen

1 un / eins — **2** deux / zwei — **3** trois / drei — **4** quatre / vier — **5** cinq / fünf — **6** six / sechs — **7** sept / sieben — **8** huit / acht — **9** neuf / neun — **10** dix / zehn — **11** onze / elf — **12** douze / zwölf — **13** treize / dreizehn — **14** quatorze / vierzehn — **15** quinze / fünfzehn — **16** seize / sechzehn — **17** dix-sept / siebzehn — **18** dix-huit / achtzehn — **19** dix-neuf / neunzehn — **20** vingt / zwanzig

50
cinquante
fünfzig

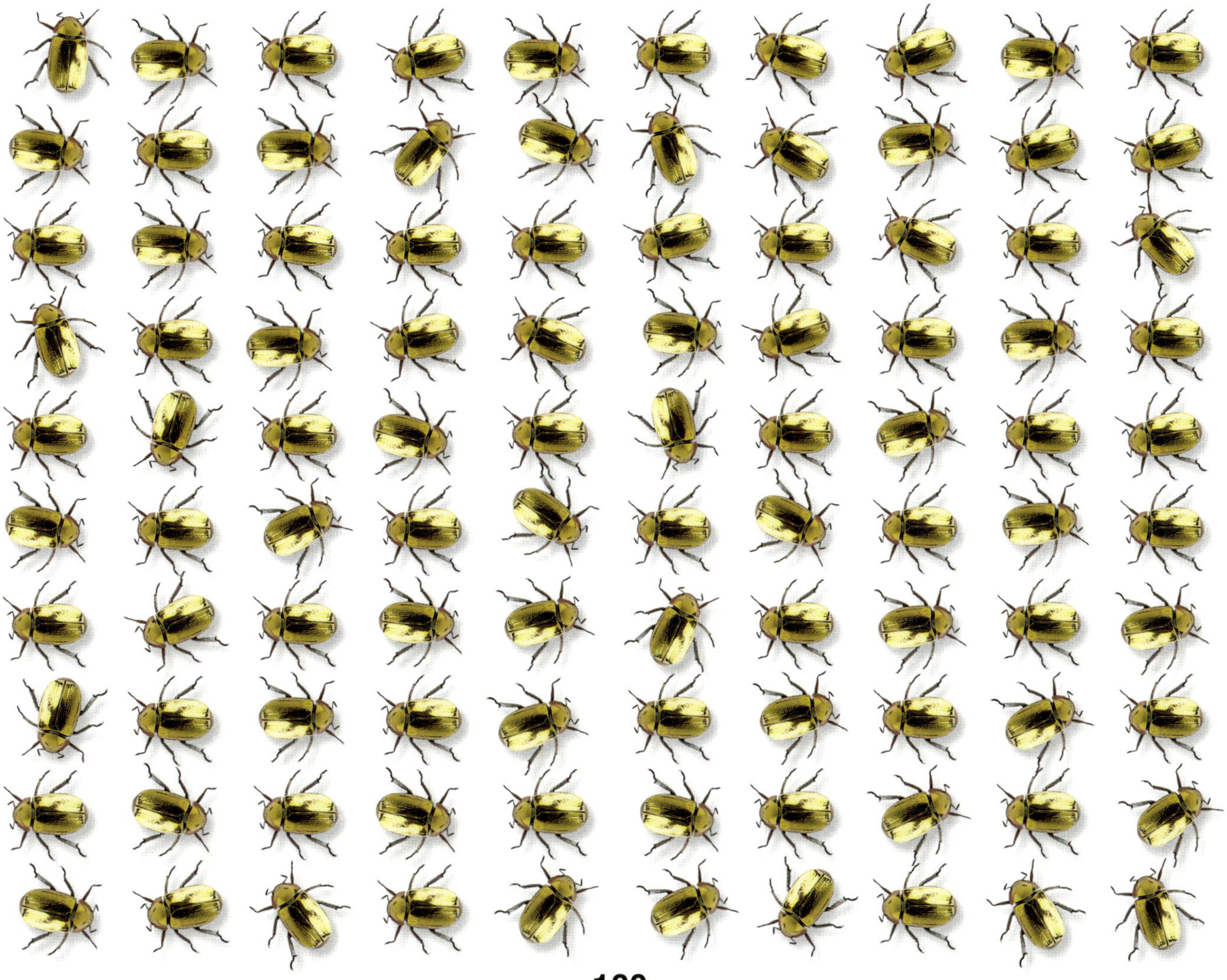

100
cent
hundert

Index

A

Aal 53
Abend 55
acht 60
Achterbahn 25
achtzehn 60
Adler 52
Affe 51
Ahornsamen 42
Akrobaten 31
Algen 46
alt 56
Ameisen 40
Ampel 36
Ananas 27
Apfel 27
Apfelgarten 45
Apothekerin 26
April 55
Aquarium 19
Architekt 30
Arm 5
Armband 8
Armbanduhr 8
Ärztin 30
Auge 6
Augenbraue 6
August 55
ausgehen 25
Auspuff 36
Ausstechförmchen 13
Auto 10
Autofähre 39
Automechaniker 31
Axt 22

B

Baby 7
Backbleche 13
Bäckerei 26
Badeanzug 47
Badehose 47
Bademantel 9
Badewanne 12
Badezimmer 12
Bagger 24
Baggereimer 24
Balkon 10
Ball 33
Bananen 27
Bandmaß 23
Bank 33
Bär 51
Baseball 35
Baseballschläger 35
Basketball 34
Bauch 4
Bauchnabel 4
bauen 17
Bauer 44
Bauernhaus 45
Bauernhof 45
Baugerüst 24

Bauklötze 17
Bäume 42
Baumhaus 20
Baumrinde 43
Baumstamm 43
Baupläne 30
Baustelle 24
Becher 15
Becken 28
Beeren 43
Bein 5
belegtes Brot 14
Berg 48
Betonmischmaschine 24
Bett 11
Bettdecke 11
Beutel 27
Biene 20
Bild 28
Blatt 38
Blätter 43
blau 59
Bleistift 29
Bleistiftspitzer 29
Blitz 54
Blizzard 54
Blockflöte 28
Blumen 21
Blumenbeet 20
Blumenhändler 26
Blumenkasten 21
Blumentopf 21
Blumenzwiebeln 21
Blüte 43
Blütenblätter 42
Bohrer 23
Bohrmaschine 23
Bolzen 22
Bratpfanne 13
braun 59
Bremslicht 36
Brettspiel 16
Brokkoli 27
Brombeeren 41
Brötchen 14
Bruder 7
Brücke 41
Brust 4
Bücherei 25
Buggy 33
bunt 59
Buntstifte 29
Büroangestellte 31
bürsten 12
Buschbaby 51
Butter 27
Butterblumen 41

C

Café 25
Computer 28
Computerspiele 16
Concorde 38
Coupé 37

Cowboy 18
Curryhuhn 14

D

Dach 10
Daumen 4
Decke 33
Deckel 23
Delphin 53
Designerin 31
Dezember 55
dick 56
Dienstag 55
Dinosaurier 25
Dirigent 30
Donnerstag 55
Doppeldecker 38
Dorf 40
Dose 27
Drachen 33
Drachenflieger 38
drei 60
Dreieck 58
Dreirad 16
dreizehn 60
Dromedar 50
dünn 56
Dunst 54
Durchschlag 13
Dusche 12

E

Efeu 42
Ei 41
Eiche 42
Eichelhäher 41
Eicheln 42
Eichhörnchen 41
Eidechse 51
Eier 27
Eimer 47
Einkaufsstüten 26
Einkaufswagen 27
Einkaufszentrum 26
einmotorige Flugzeug 38
eins 60
Eis 15
Eisbär 51
Eisberg 49
Eisenbahn 17
Eisenwarenhandlung 26
Eishockey 34
Eistüte 47
Eisverkäufer 33
Elefant 50
elf 60
Ellbogen 5
Ellbogenschutz 32
Elternteil 7
Ente 33
Entenküken 33
Erbsen 27
Essstäbchen 14

Etikett 27
Eule 41

F

Fabrikarbeiterin 30
Fähnchen 47
fahren 16
Fahrrad 36
Fangarme 53
Fangzähne 50
Farben 28, 59
Farbtopf 23
Farne 41
Faultier 50
Februar 55
Federn 52
Fee 18
Feile 22
Felder 45
Felsen 46
Felsenteich 46
Felsenwüste 49
Fenster 10
Fensterläden 10
Ferkel 44
Fernbedienung 11
Fernseher 11
Ferse 5
Feuerwehrauto 30
Feuerwehrmann 30
Finger 4
Fingerhut 43
Fingerpuppen 17
Fische 46
Fischer 39
Fischerboote 39
Fischernetz 46
Fischhändler 26
Fischschwarm 53
Flamingo 52
Flasche 27
Fleecepulli 9
Fleisch 26
Flügel 38, 52
Flughafen 38
Flur 10
Fluss 41
flüstern 7
Football 34
Formen 58
Frachtschiff 39
Freitag 55
Freizeitpark 25
Freunde 7
Frisbee 33
Friseuse 31
Frosch 40
Fruchtsaft 27
Frühling 55
Frühstücksflocken 15
Fuchs 40
Führerhaus 24
fünf 60
fünfzehn 60

fünfzig 61
Fuß 4
Fußball 32, 35
Futternapf 19

G

Gabel 14
Gabelstapler 24
Gans 45
Gänseblümchen 42
Garage 10
Garten 20
Gartenschere 21
Geburtstagskarte 18
Geburtstagskuchen 18
Gegensätze 56
gehen 4
Geier 52
Geländewagen 36
gelb 59
Gemüse 14
Geschenk 18
Geschenke machen 18
Gesicht 4
Getreideflocken 27
Gewächshaus 21
Geweih 51
Geysir 49
Gießkanne 21
giftige Pilze 41
Giraffe 50
Gitarre 16
Glas 15
glatt 57
Gleitschirmflieger 38
Globus 28
Glockenblumen 40
glücklich 56
Goldfisch 19
Golf 35
Golfschläger 35
Gras 41
Grasland 48
grau 59
Griff 22
groß 56
Großmutter 7
Großvater 7
grün 59
Gummistiefel 9
Gürtel 9
Gürteltier 50

H

Haarbürste 12
Haare 6
Hafen 39
Hahn 44
Hai 53
Haken 24
Hals 4
Halsband 19
Hamburger 14

Hammer   22
Hamster   19
Hand   4
Handfeger   13
Handfläche   4
Handgelenk   5
Handschuhe   8
Handtücher   12
Handwerker   23
hart   56
Hase   40
Haube   52
Hauer   53
Haus   10
Haustiere   19
Haustür   10
Heide   43
heiß   57
heiße Schokolade   15
Heißluftballon   38
Helm   32
Hemd   8
Henne   44
Herbst   55
Herd   13
Herz   58
Hexe   18
Himmel   54
hinten   57
Hirsch   51
Hirschkäfer   40
Hobel   22
hocken   5
Hockeyschläger   34
Holzhammer   22
Holzlöffel   13
Horn   50
Hose   8
Hubschrauber   38
Huf   50
Hüfte   5
Hügel   40
Hund   19
hundert   61
Hütehund   44

I

Im Supermarkt   27
Inbusschlüssel   22
inlineskaten   32
Inlineskates   32
Insel   49

J

Jacke   9
Januar   55
Jeans   8
Joghurt   27
Judo   34
Juli   55
Jumbojet   38
Junge   7
Juni   55

K

Kabriolett   37
Kakadu   52
Kaktus   43
Kalb   44
kalt   57
Kameramann   30

Kamin   10
Känguru   51
Kanu   39
Käppi   47
Kapuze   8
Karotte   27
Kartoffeln   27
Karussell   32
Käse   14
Käsetheke   26
Kasse   27
Kätzchen   19
Katzen   19
Kehrschaufel   13
Kekse   15
Kellnerin   30
Kerzen   18
Keyboard   16
Kiefern   42
Kiefernzapfen   42
Kieselsteine   46
Kinn   6
Kinozuschauer   25
Kipper   24
Kissen   11
Klassenzimmer   28
Klavier   28
Klebstoff   29
Kleid   8
klein   56
Klettergerüst   32
Klippen   46
Knetmasse   16
Knie   4
Knieschutz   32
Knöchel   5
Knopf   8
Knospe   43
Koalabär   51
Köche   30
Kochtopf   13
Kofferraum   37
Kolibri   52
Kombi   37
Königin   18
Konsole   16
Kopf   5
Kopfhörer   16
Kopfkissen   11
Koralle   53
Korb   38
Körper   4
krabbeln   4
Krake   53
Krallen   52
Kräne   24
Krankenpfleger   30
Krankenwagen   36
Krebs   46
Kreide   29
Kreis   58
Kricket   35
Krokodil   51
Kröte   40
Küche   13
Küchenschrank   13
Kuhherde   44
Kühl- und Gefrier-
   kombination   13
Kühlerhaube   36
Küken   44
Kunstgalerie   25
kurz   57
küssen   7

L

Laborkittel   31
lächeln   6
lachen   6
Lachssteak   14
Läden   26
Lamm   45
Lampe   11
lang   57
langsam   56
Lastwagen   37
Latzhose   8
laufen   34
Läufer   11
Lautsprecher   11
Lava   49
leer   57
Lehrbücher   29
Lehrerin   28
leicht   56
Leine   19
Leopard   50
lesen   29
Leuchtturm   39
Libelle   41
Lieferwagen   36
Liegestuhl   47
lila   59
Limousine   37
Lineal   29
links   56
Lippe   6
Löffel   15
Lokomotive   17
Löwe   50
Löwenzahn   42
Luftballons   18
Luftkissenfahrzeug   39
Luftschlange   18
Lunchbox   33
Luxuslimousine   37

M

Mädchen   7
Mähdrescher   45
Mähne   50
Mai   55
malen   28
Mango   27
Mantel   8
Märchenbuch   16
Marienkäfer   20
Marmelade   27
Marmeladenglas   27
März   55
Maurer   24
Maus   40
Medikament   26
Meer   49
Meerschweinchen   19
Mehl   27
Meißel   22
Messer   14
Milch   27
Milchshake   15
Milchtüte   27
Minibus   37
Mittwoch   55
Mixer   13
Mohnblumen   42
Monate   55
Montag   55

Moor   48
Moos   41
Morgen   55
Motorrad   36
Motorroller   36
Mountainbike   35
Möwe   46
Muffin   15
Mund   6
Murmeln   16
Muschel   46
Muscheln sammeln   46
Museum   25
Musiker   30
Musikzimmer   28
Mutter   22
Mutter   7
Mütze   8

N

Nachmittag   55
Nacht   55
Nachtfalter   40
Nagel   5
Nägel   22
Narwal   53
Nase   6
Nasenloch   6
Nashorn   50
nass   57
Nebel   54
Nest   41
neu   56
neun   60
neunzehn   60
Nilpferd   51
November   55
Nudelholz   13
Nudeln   14, 27

O

Obst   26
Obst- und Gemüsehändler
   26
Obstsalat   15
Obsttörtchen   15
Ofenkartoffel   14
offen   56
Ohr   6
Oktober   55
Öl   27
Ölkännchen   23
Orange   27
orange   59
Orang-Utan   51
Osterglocken   43
Otter   40
Oval   58
Overall   31
Ozean   48
Ozeandampfer   39

P

Packung   27
Paddel   39
Paket   31
Pandabär   51
Pantoffeln   9
Panzer   53
Papagei   19
Papageientaucher   52

Papier   29
Papiertuch   12
Paprika   27
Party   18
Partyhut   18
Partytüte   18
Passagierflugzeug   38
Patientin   30
Pelz   51
Pfau   52
Pferd   44
Pferdestall   44
Pflanzen   42
Pflanzgabel   21
Pflanzkelle   21
Pflug   45
Pfote   19
Picknick   33
Pinguin   52
Pinsel   23, 28
Pirat   18
Pizza   14
Planierraupe   24
Planschbecken   21
Po   5
Polizeiauto   31
Polizist   31
Pommes frites   14
Pony   19
Postangestellte   31
Poster   29
Prärie   49
Propeller   38
Pullover   8
Puppe   17
Puppenhaus   17
Puppentheater   25
Puppenwagen   17
Pusteblume   42
Pute   45
putzen   12
Puzzle   16

Q

Quadrat   58
Qualle   53

R

Rad   36
Rad fahren   35
Radfahrer   36
Radiergummis   29
Rasen   20
Rasenmäher   21
rau   57
Raupe   20
Raupenkette   24
Raute   58
Rechen   20
Rechteck   58
rechts   56
Regal   11
Regen   54
Regenbogen   54
Regenmantel   9
Regenschirm   54
Regenwald   49
Regenwurm   20
Reibe   13
Reifen   36
Reis   14
Reisebus   37

Reißbrett 31
Reißverschluss 9
rennen 4
Rennrad 35
Rennwagen 17
Rettungsboot 39
Rieseneisvogel 52
Rindereintopf 14
Ring 58
Roboter 17
Rochen 53
Rock 8
rosa 59
Rose 42
Rosskastanie 42
rot 59
Rücken 5
Rückenflosse 53
Rückspiegel 36
Ruder 39
Ruderboot 39
Rugby 35
Rugbyball 35
Rührschüssel 13
Rummelplatz 25
Rüssel 50
Rutsche 32

S

Säge 22
sägen 23
Saiten 16
Salat 14
Samen 21
Samstag 55
Sand 46
Sandalen 9
Sandburg 47
Sandkasten 21
Sandpapier 23
Sattel 19
sauber 57
Schachtel 27
Schaf 45
Schal 8
Schalter 23
Schar Pelikane 52
Schaufel 24, 47
Schaukel 32
Schaumbad 12
Schauspieler 30
Scheinwerfer 36
Schere 29
schieben 17
Schildkröte 19
Schlachter 26
Schlafanzug 9
Schlafzimmer 11
Schläger 33
Schlange 51
Schlauch 21
Schlepper 39
Schlittschuh 34
Schlittschuh laufen 34
Schlucht 48
Schmetterling 20
schmutzig 57
Schnabel 52
Schnalle 9
Schnecke 20
Schnee 54
Schneeglöckchen 42
Schneemann 54

schnell 56
Schnellboot 39
schnorcheln 35
Schnurrhaare 19
Schnürsenkel 9
Schornstein 10
Schrank 11
Schrauben 23
Schraubenschlüssel 22
Schraubenzieher 23
schreiben 29
Schubkarre 21
Schublade 11
Schuhe 9
Schule 28
Schulhof 28
Schulter 5
Schuppen 20, 51
Schürze 13
Schüssel 15
Schutzhelm 24
Schwamm 12
Schwan 52
Schwanz 51
Schwanzflosse 53
schwarz 59
Schwein 45
schwer 56
Schwester 7
Schwimmbad 25
Schwimmbrille 47
schwimmen 47
Schwimmflossen 35
Schwimmflügel 46
Schwimmreifen 47
Schwimmweste 39
sechs 60
sechzehn 60
See 48
Seelöwe 53
Seepferdchen 53
Seerose 43
Seestern 46, 53
Segel 39
Segelboot 33, 39
Segelflugzeug 38
segeln 35
Segler 39
Seife 12
Seil 23
seilspringen 32
September 55
Sessel 10
Shampoo 12
Shorts 9
sich bücken 5
sich die Nase putzen 12
sich strecken 5
sich verkleiden 18
sieben 60
siebzehn 60
sitzen 47
Skateboard 32
Skateboard fahren 32
Ski 34
Ski fahren 34
Snowboard 34
Snowboard fahren 34
Socken 9
Sofa 11
Sohn 7
Sommer 55
Sonne 54
Sonnenblume 42

Sonnenbrille 47
Sonnencreme 47
Sonnenhut 47
Sonnenschirm 46
Sonntag 55
Soße 14
Spaghetti 14
Spaten 21
Spatz 21
Specht 41
Spiegel 12
spielen 16
Spielhaus 16
Spielkarten 16
Spinne 40
Sport 34
Sportwagen 36
springen 5, 35
Springseil 32
Sprungbrett 25
Spüle 13
Spülmittel 27
Stacheln 50
Stachelschwein 50
Stadion 34
Staffelei 28
Stall 19
Stechpalme 43
Steine 16
Stengel 43
Stereoanlage 11
Stern 58
Stiefmütterchen 42
Stiel 43
Stier 44
Stirn 6
Stirn runzeln 6
Stock 34
Stoßstange 37
Strand 46
Strandtasche 47
Straßenkünstler 25
Straßenwalze 24
Strauß 52
Strickjacke 8
Strohhalm 15
Strumpfhose 9
Stuhl 29
Sturm 54
Sturzhelm 35
Sumpf 48
Supermarkt 27
Surfbrett 47
surfen 47

T

Tacos 14
Tal 48
Tankstelle 36
Tankwagen 37
tanzen 18
tapezieren 23
Tasche 9
Taschenlampe 23
Taschenrechner 29
Taube 33, 52
Taxis 37
Teddybär 17
Teekessel 13
Teeservice 17
Teetasse 15
Teich 33
Telefon 11

Teller 14
Tennis 35
Tennisschläger 35
Theater 25
Thermosflasche 33
Tiger 50
Tisch 29
Tochter 7
Toilette 12
Tomaten 27
Töpfchen 12
Topfhandschuh 13
Tornado 54
tragbare CD-Player 16
tragen 26
Traktor 45
traurig 56
Treppe 10
Treppengeländer 10
treten 32
Tretroller 32
Tretroller fahren 32
Triangel 28
trinken 15
Trittleiter 23
trocken 57
Trommel 16
Trommelstöcke 16
Tropenfisch 53
T-Shirt 9
Tukan 52
Tulpen 43
Tundra 49
Tür 37
Turnschuhe 9

U

Ultraleichtflugzeug 38
umarmen 7
Uniform 31
Unterhemd 9
Unterhose 9
Unterlegscheiben 22
Untertasse 15
Unterwegs 36

V

Vase 11
Vater 7
Verkäuferin 26
Verkehrsstau 36
vier 60
vierzehn 60
Vögel 52
voll 57
Vorhang 11
vorn 57
Vulkan 49

W

Waage 13
Wachsmalstifte 16
Wagen 17
Wald 40, 49
Walfisch 53
Wange 6
Waschanlage 36
Waschbecken 12
waschen 12
Waschlappen 12
Wasserball 47

Wasserfall 48
Wasserhahn 12
Wasserschildkröte 53
Wasserspielzeug 12
Wassertiere 53
Wasserwaage 22
Wecker 11
weich 56
weinen 6
Weintrauben 27
weiß 59
Weizenbrötchen 14
Weizenfeld 45
Welle 47
Wellensittich 19
Welpe 19
Werkbank 23
Werkstatt 22
Werkzeugkasten 22
Wetter 54
Wiesenblumen 41
Wimpern 6
Wind 54
Windrad 46
Windschutzscheibe 36
Winter 55
Wissenschaftlerin 31
Wochentage 55
Wohnungen 10
Wohnzimmer 10
Wolke 54
Wurzeln 43
Wüste 49

Z

Zahlen 60
zahlen 26
Zahn 6
Zahnbürste 12
Zahnpasta 12
Zange 22
Zapfsäule 36
Zauberer 18
Zaum 19
Zaun 45
Zebra 50
Zehen 4
zehn 60
Zeitungsstand 26
Zeppelin 38
Ziege 44
Ziegelsteine 24
Zimmermann 24
Zitrone 27
zu 56
zu Mittag essen 15
Zunge 6
Zuschauermenge 34
zwanzig 60
zwei 60
Zweig 43
Zwillinge 7
zwölf 60